Bouesse Arafat NZABA M.

Les Mots du Silence

Bouesse Arafat NZABA M.

Les Mots du Silence

Poèmes Inspirants pour Trouver la Paix Intérieure

Éditions Muse

Imprint

Cover image: www.ingimage.com

Publisher:
Éditions Muse
is a trademark of
Dodo Books Indian Ocean Ltd. and OmniScriptum S.R.L publishing group

120 High Road, East Finchley, London, N2 9ED, United Kingdom
Str. Armeneasca 28/1, office 1, Chisinau MD-2012, Republic of Moldova, Europe
Printed at: see last page
ISBN: 978-620-4-96446-1

Les Mots du Silence : Poèmes Inspirants pour Trouver la Paix Intérieure

Par NZABA Arafat

"Les Mots du Silence : Poèmes Inspirants pour Trouver la Paix Intérieure" est un livre de poésie rédigé par Arafat NZABA dit kharYsma. Les poèmes, divisés en chapitres thématiques, explorent les différentes émotions et expériences que l'on peut traverser dans la vie.

L'auteur utilise une langue poétique et évocatrice pour explorer ces thèmes universels, offrant des perspectives et des enseignements profonds sur la manière de trouver la paix intérieure dans un monde souvent chaotique et bruyant.

Les poèmes sont courts et faciles à lire, mais leurs messages sont profonds et invitent à la réflexion. Le livre est parfait pour ceux qui cherchent à se connecter avec leur moi intérieur et à trouver la paix dans les moments difficiles de la vie.

En fin de compte, "Les Mots du Silence" est un recueil de poèmes inspirants qui peuvent aider les lecteurs à trouver la sérénité dans leur vie quotidienne. Que vous soyez passionné de poésie ou simplement à la recherche d'un livre pour vous aider à vous détendre et à trouver la paix, "Les Mots du Silence" est un excellent choix de lecture.

NZABA Arafat

1-Le Couchant

Le soleil se couche lentement à l'horizon,
Emportant avec lui les couleurs du jour.
Le ciel se teinte de nuances d'orange et d'or,
Alors que la nuit s'approche de plus en plus.

Les oiseaux rentrent dans leurs nids,
Les étoiles apparaissent dans le ciel.
Le silence se répand lentement,
Alors que la nature se prépare pour la nuit.

Je reste là, admirant le coucher de soleil,
Sentant le calme et la paix m'envahir.
Je me souviens des moments heureux de la journée,
Et je suis reconnaissant pour ce moment de bonté.

Le coucher de soleil est un rappel
Que chaque jour peut être beau et nouveau.
Il nous enseigne à apprécier les moments simples,
Et à savourer les instants de la vie.

2-La mer

La mer s'étend à l'infini,
Avec ses vagues puissantes et ses couleurs changeantes.
Je me promène sur la plage,
Sentant le sable chaud sous mes pieds.
La mer s'étend à perte de vue,
Avec sa surface lisse et bleue,
Et ses vagues qui s'élèvent,
Déferlant avec force et vigueur.

Le bruit des vagues me berce,
Et le vent salé caresse ma peau,
Je suis envoûté par l'océan,
Et sa beauté qui me laisse sans voix.

Les coquillages jonchent le sable,
Et les mouettes crient dans le vent,
Le paysage est majestueux,
Et m'emporte dans un monde fascinant.

Je suis captivé par la mer,

Sa force et sa tranquillité,
Elle me rappelle que tout est possible,
Et qu'il est temps de vivre pleinement.

Je contemple l'horizon lointain,
Et je rêve de l'infini,
La mer est un symbole de liberté,
Qui m'inspire à suivre mes rêves.

Je suis reconnaissant pour la mer,
Et sa capacité à me faire rêver,
Elle m'offre un refuge loin du monde,
Et me rappelle la beauté de la vie.

3-Le Lion

Le lion est le roi de la jungle,
Avec sa crinière majestueuse et ses griffes acérées.
Il règne en maître sur son territoire,
Et inspire la crainte et le respect.

Son regard est intense et puissant,
Et sa voix rugissante résonne dans les airs,
Le lion est un symbole de force et de courage,
Et un exemple de beauté et de grâce.

Sa chasse est une danse gracieuse,
Et sa proie est une démonstration de sa puissance,
Le lion est un prédateur implacable,
Mais aussi un protecteur de sa famille.

Je suis émerveillé par le lion,
Et sa capacité à régner sur son monde,
Il me rappelle que chacun de nous a un rôle à jouer,
Et que la force et le courage sont essentiels pour réussir.

4 "Le Papillon"

Le papillon est un être gracieux,
Avec ses ailes colorées et sa douceur.
Il vole dans les airs avec légèreté,
Et émerveille avec sa beauté.

Sa métamorphose est un miracle de la nature,
De la chenille à la chrysalide,
Et enfin au papillon,
Un exemple de renaissance et de régénération.

Le papillon est un symbole de transformation,
Et un rappel que la vie est en constante évolution.
Sa fragilité est aussi une force,
Qui nous rappelle la beauté de la vie.

Je suis émerveillé par le papillon,
Et sa capacité à nous inspirer,
Il me rappelle que la beauté vient de l'intérieur,
Et que chacun de nous peut se transformer en quelque chose de magnifique.

Le papillon vole gracieusement dans les airs,
Ses ailes colorées s'envolent dans une danse légère.
Il est un symbole de transformation et de renouveau,
Un animal magnifique et éphémère.

Le papillon est une créature fragile et délicate,
Mais il possède une force intérieure inébranlable.
Il traverse les défis avec élégance et courage,
Et émerge plus beau et plus fort que jamais.

Je suis fasciné par le papillon,
Sa beauté colorée et sa grâce aérienne.
Il est un rappel que même dans l'adversité,
Nous pouvons nous transformer et nous élever.

Le papillon est un symbole de l'espoir et de la persévérance,
Et je suis reconnaissant pour sa beauté éphémère.
Il nous rappelle de vivre chaque instant avec gratitude,
Et de nous épanouir en nous-mêmes, comme lui.

5- La Baleine"

La baleine majestueuse nage dans l'océan,
Étendant son immense corps dans les profondeurs.
Elle nage avec grâce, émettant des sons mélodieux,
Créant une symphonie dans l'océan bleu.

Sa peau grise et ridée est ornée de taches blanches,
Et ses yeux curieux reflètent l'immensité de l'océan.
La baleine est un animal fascinant et étonnant,
Un symbole de la beauté de la vie marine.

Je suis impressionné par sa beauté,
Et j'admire sa force et sa puissance.
La baleine est un cadeau de la nature,
Et je suis reconnaissant de pouvoir la contempler.

6-Mon Amour"

Mon amour, tu es ma lumière dans l'obscurité,
Ma force dans les moments de faiblesse.
Tu es la raison pour laquelle je respire,
Et la source de tout ce qui est bon en moi.

Tu me tiens chaud quand j'ai froid,
Tu es mon refuge quand la vie est dure.
Tu m'aimes avec un amour sincère et pur,
Et pour cela, je te suis reconnaissant à jamais.

Je suis chanceux de t'avoir à mes côtés,
De partager nos vies et nos rêves ensemble.
Tu es ma moitié manquante, mon âme sœur,
Et je t'aimerai pour l'éternité.

Mon amour, tu es ma boussole dans la vie,
Et je suis fier de marcher à tes côtés.
Je te promets d'être là pour toi,
Pour l'amour, le soutien et le réconfort.

9- "L'Amour Eternel"

L'amour éternel est un joyau rare,
Une perle précieuse dans un monde instable.
Il brille comme une étoile dans la nuit,
Et illumine nos vies pour toujours.

L'amour éternel est une promesse,
De se tenir la main pour la vie entière.
C'est un engagement inébranlable,
De partager les hauts et les bas ensembles.

L'amour éternel est une force,
Qui surmonte les obstacles les plus difficiles.
C'est un amour qui ne meurt jamais,
Qui dure au-delà des frontières du temps.

Je suis béni d'avoir trouvé un amour éternel,
Qui remplit mon cœur de joie et de bonheur.
Mon amour pour toi est éternel,
Et je suis fier de le proclamer au monde entier.

Nous marchons ensemble main dans la main,

Sur le chemin de la vie et de l'amour, je te tiens,

Je te promets de t'aimer pour l'éternité,

Et de t'honorer pour tout ce que tu es.

10- "Mon amour Eternel"

Notre amour est comme les étoiles,
Brillant dans le ciel sombre de la nuit,
Infini et éternel, il ne peut être effacé,
Et nous éclaire même dans les moments de doute.

Nous avons traversé des tempêtes et des tempêtes,
Mais notre amour a résisté à chaque défi.
Il est notre refuge, notre force, notre boussole,
Nous guidant vers un avenir lumineux et paisible.

Dans tes bras, je me sens en sécurité,
Aimé et apprécié pour qui je suis vraiment.
Tu es mon tout, mon âme sœur, ma moitié,
Et je suis reconnaissant pour chaque instant passé avec toi.

Notre amour est comme une rose,
Belle et parfaite, mais aussi fragile.
Nous devons le nourrir et le chérir chaque jour,
Pour qu'il continue de grandir et de fleurir pour toujours.

10- "La Magie de l'Amour"

L'amour est un mystère magique,
Qui nous emporte dans un monde de rêves.
Il transforme nos vies et nos âmes,
Et nous donne la force de surmonter tous les obstacles.

Quand nous sommes amoureux, tout semble possible,
Les montagnes deviennent des collines, les rivières des ruisseaux,
Nous voyons le monde à travers les yeux de notre bien-aimé,
Et chaque instant devient une aventure incroyable.

L'amour est un don précieux,
Qui nous inspire à donner sans compter.
Il nous montre la vie dans route sa beauté,
Et nous donne le courage d'affronter l'avenir avec confiance.

Dans tes yeux, je vois le reflet de notre amour,
Un amour qui est fort, sincère et éternel.
Je suis reconnaissant pour chaque jour passé avec toi,
Et pour la magie de l'amour qui nous a unis.

10-L'Appel de la Terre"

La Terre appelle, elle nous implore,
De changer notre manière de vivre.
Elle souffre, elle se meurt,
De la pollution, de la surconsommation, de la destruction.

Les glaciers fondent, les océans montent,
Les tempêtes se multiplient, la sécheresse s'étend.
Le réchauffement climatique est une réalité,
Et nous devons agir, avant qu'il ne soit trop tard.

Nous devons réduire notre empreinte carbone,
Consommer de manière responsable, et protéger notre environnement.
La Terre est notre maison, notre refuge, notre vie,
Et nous devons la protéger, pour les générations à venir.

12- "La Planète en Feu"

La planète est en feu, les forêts brûlent,
Les animaux fuient, les villes suffoquent.
Le réchauffement climatique est une crise,
Et nous sommes tous concernés.

Nous devons agir rapidement, de manière décisive,
Pour réduire notre impact sur l'environnement.
Nous devons sauver notre planète, notre maison,
Et créer un avenir durable pour tous.

13 : "L'Urgence du Changement"

L'heure est venue de changer notre manière de vivre,

De protéger notre planète, notre avenir.

Nous devons agir maintenant, avec urgence,

Pour réduire notre empreinte carbone, et sauver notre planète.

Nous pouvons tous faire notre part,

En réduisant notre consommation, en recyclant, en utilisant des énergies renouvelables.

Ensemble, nous pouvons créer un monde plus vert, plus sain,

Un monde où nous protégeons notre planète pour futurs les générations.

14 - "La Beauté en Péril"

La beauté de notre planète est en péril,
Le réchauffement climatique détruit tout ce qui est vital.
Les glaciers se retirent, la nature est en crise, ça fait mal,
Et nous sommes tous responsables de cette triste réalité.

Nous devons agir pour réduire notre impact,
Nous devons changer notre manière de vivre, notre façon de penser.
Nous devons protéger notre planète, notre seule maison,
Et préserver sa beauté pour les futurs générations.

15- "L'Espoir d'un Avenir Meilleur"

Le réchauffement climatique peut sembler insurmontable,
Mais nous avons l'espoir d'un avenir meilleur.
Nous pouvons tous faire une différence,
En agissant ensemble, pour protéger notre planète.

Nous avons le pouvoir de changer notre destin,
De réduire notre empreinte carbone, de sauver notre environnement.
Nous pouvons créer un monde plus sain, plus vert,
Un monde où nous vivons en harmonie avec la nature.

Alors levons-nous, agissons,
Et construisons un avenir meilleur pour tous.

16- Le Miracle des Mathématiques"

Les mathématiques ? c’est une merveille
Des chiffres et des formes qui s'émerveillent
Les formules, les équations, les graphes,
Tous sont des outils pour des problèmes qui nous étonnent.

Le théorème de Pythagore,
Les calculs de la circonférence de la Terre,
La découverte du nombre d'or,
Tous sont des exemples qui nous montrent la lumière.

L'algèbre, la trigonométrie,
La géométrie, la probabilité,
Toutes les branches de cette science
Nous aident à comprendre les lois de la nature avec persistance.

Les mathématiques ? c'est une discipline magique,
Un univers où tout est logique,
Et où la logique est la voie royale
Pour comprendre les mystères de la réalité rationnelle.

17 - "L'Énigme Mathématique"

Dans l'univers des mathématiques,
Il y a des énigmes qui piquent,
Des problèmes qui donnent le vertige,
Des défis qui nous amènent au prestige.

La conjecture de Poincaré,
Le théorème des quatre couleurs,
Le problème de la quadrature du cercle,
Sont des exemples qui ne laissent personne indifférent.

Ces énigmes qui nous passionnent
Sont comme des étoiles qui rayonnent,
Elles nous appellent à chercher
La solution qui permettra de les éclairer.

La persévérance, la créativité,
La rigueur, la ténacité,
Sont des qualités essentielles
Pour résoudre ces puzzles si complexes.

Dans l'énigme mathématique,

Il y a une beauté poétique,

Et ceux qui réussissent à la déchiffrer

Sont comme des poètes de la réalité.

18 - "La Symétrie dans les Mathématiques"

La symétrie, c'est une beauté
Qui se manifeste dans les mathématiques
C'est une propriété qui reflète
L'harmonie et la perfection qui s'y cachent.

La symétrie axiale,
La symétrie centrale,
La symétrie de translation,
Toutes sont des expressions de cette relation.

Dans le monde des formes géométriques,
La symétrie est une technique
Qui permet de découvrir
Des motifs fascinants à contempler.

Dans les fractales et les cristaux,
La symétrie est une loi,
Qui révèle une beauté mathématique
Et une régularité esthétique.

La symétrie est un langage

Qui parle aux sens et à l'esprit,

Et qui révèle une vérité

Sur la nature et la beauté de la réalité.

19- "La Mathématique de la Vie"

La vie, c'est une équation complexe,
Qui comporte des variables multiples,
Des paramètres qui interagissent,
Et des inconnues qu'on doit élucider.

Le temps, l'espace, l'énergie,
Les relations sociales, les émotions,
Les choix, les décisions, les erreurs,
font partie des mathématiques de la vie

20- "Le Substitut"

Le substitut, c'est celui qui prend la place,
De quelqu'un d'autre, qui n'est pas là,
Il occupe le vide, le remplace,
Et fait en sorte que tout se passe bien malgré tout.

Le substitut, c'est un rôle difficile,
Car il doit être à la hauteur de la tâche,
Il doit être compétent, flexible,
Et savoir s'adapter à toutes les situations.

Le substitut, c'est un héros de l'ombre,
Qui travaille dans le silence et l'humilité,
Il ne cherche pas les honneurs ni les combats,
Mais il est toujours prêt à servir et à aider .

Le substitut, c'est un acteur de la vie,
Qui donne de lui-même sans rien attendre en retour,
Il est le symbole de la solidarité,
Et de l'amour qui se donne sans compter.

21 : "Le Substitut de l'Amour"

Le substitut de l'amour, c'est la solitude,
C'est le vide que l'on ressent quand l'être cher est absent,
C'est la douleur qui nous envahit quand on est seul,
Et qu'on aimerait tant sentir la présence d'un autre.

Le substitut de l'amour, c'est la passion,
C'est l'obsession qui nous anime quand on n'aime plus,
C'est le besoin de remplir le vide de son cœur,
Avec des sensations fortes et des émotions intenses.

Le substitut de l'amour, c'est la dépendance,
C'est l'addiction qui nous pousse à chercher toujours plus,
Des plaisirs qui ne durent qu'un instant,
Et qui laissent un goût amer dans notre âme.

Le substitut de l'amour, c'est la résignation,
C'est l'acceptation que l'on ne peut plus aimer comme avant,
C'est le renoncement à ses rêves de bonheur,
Et la tristesse qui nous envahit d'heure en heure.

22 - "Le Substitut de la Nature"

Le substitut de la nature, c'est la ville,
C'est le béton qui recouvre la terre,
C'est l'asphalte qui étouffe les fleurs,
Et la pollution qui dégrade l'air.

Le substitut de la nature, c'est la technologie,
C'est l'écran qui remplace le ciel,
C'est l'artifice qui se substitue à la beauté,
Et la virtualité qui éloigne de la réalité.

Le substitut de la nature, c'est l'aliénation,
C'est la perte de contact avec le vivant,
C'est l'oubli de nos racines et de nos origines,
Et le déni de notre appartenance au monde.

Le substitut de la nature, c'est la désolation,
C'est le vide qui envahit nos cœurs,
C'est le manque de sens qui nous égare,
Et la recherche effrénée de plaisirs éphémères.

23-La Voiture de mes Rêves"

La voiture de mes rêves, c'est un bijou sur roues,
Un engin puissant et élégant qui défie les lois,
De la mécanique et de l'esthétique, tout est harmonie,
Et chaque courbe est une invitation à la vitesse.

La voiture de mes rêves, c'est un bolide de course,
Qui rugit comme un lion et s'élance à toute allure,
Elle est faite pour les grands espaces et les routes désertes,
Et rien ne peut l'arrêter dans sa course effrénée.

La voiture de mes rêves, c'est un mélange de passion et de raison,
Elle est à la fois un objet de désir et un outil de travail,
Elle me transporte vers mes rêves les plus fous,
Et m'emmène vers un horizon de liberté.

24 : "La Voiture Ancienne"

La voiture ancienne, c'est un trésor du passé,
Un joyau de l'histoire automobile qui a traversé les âges,
Elle est faite pour les amateurs de sensations fortes,
Et pour ceux qui ont le goût de l'authenticité.

La voiture ancienne, c'est un symbole de l'élégance,
Elle incarne le charme et le raffinement d'une époque révolue,
Elle est un objet de collection qui fascine et émerveille,
Et qui suscite l'admiration de tous les passionnés.

La voiture ancienne, c'est un véritable patrimoine culturel,
Elle témoigne de l'évolution de la technologie et du design,
Elle est le reflet de l'histoire de l'automobile et de la société,
Et elle est à la fois une œuvre d'art et un objet de fierté.

25 - "La Voiture de tous les jours"

La voiture de tous les jours, c'est un compagnon fidèle,
Un ami sur quatre roues qui nous emmène partout,
Elle est pratique et fonctionnelle, elle s'adapte à nos besoins,
Et elle nous permet de réaliser nos projets les plus simples.

La voiture de tous les jours, c'est une source de liberté,
Elle nous offre la possibilité de voyager et de découvrir le monde,
Elle nous permet de rester connectés avec nos proches,
Et elle nous rend la vie plus facile et plus agréable.

La voiture de tous les jours, c'est un moyen de transport indispensable,
Elle nous permet d'aller travailler, de faire nos courses et nos activités,
Elle nous facilite la vie et nous rend plus autonomes,
Et elle est le reflet de notre société moderne et dynamique.

26- "La Voiture et l'Homme"

La voiture et l'homme, c'est une histoire d'amour et de passion,

Une relation fusionnelle qui ne cesse de s'intensifier,

La voiture est devenue une extension de l'homme,

Et l'homme est devenu dépendant de la voiture.

La voiture et l'homme, c'est une source de liberté et de puissance,

La voiture nous permet de nous déplacer rapidement et facilement,

Et elle nous donne un sentiment de contrôle et de sécurité,

La voiture est synonyme de rapidité.

27-"L'énergie Miracle"

L'énergie miracle, c'est une utopie qui nous fait rêver,
Une source inépuisable d'énergie propre et durable,
Elle est la réponse à tous nos problèmes énergétiques,
Et elle nous permettrait de sauver notre planète.

L'énergie miracle, c'est un défi pour notre ingéniosité,
Il nous faut inventer de nouvelles technologies révolutionnaires,
Des sources d'énergie renouvelable qui ne polluent pas,
Et qui nous offrent un avenir plus sain et plus durable.

L'énergie miracle, c'est un espoir pour notre avenir,
Elle nous donne la possibilité de vivre dans un monde meilleur,
Un monde où l'énergie est disponible pour tous,
Et où notre environnement est préservé.

28 - "La Dérive Climatique"

La dérive climatique, c'est une menace pour notre monde,
Une réalité qui nous confronte à l'urgence de la situation,
Les changements climatiques sont là, et nous devons agir,
Avant qu'il ne soit trop tard pour notre planète.

La dérive climatique, c'est une conséquence de notre mode de vie,
De notre consommation excessive d'énergie fossile,
Il est temps de changer nos habitudes et de nous tourner vers les énergies renouvelables,
De réduire notre empreinte carbone et de préserver notre environnement.

La dérive climatique, c'est une leçon pour l'humanité,
Nous devons apprendre à vivre en harmonie avec notre planète,
À respecter ses équilibres et à protéger ses ressources,
Pour que nos enfants et les générations futures puissent profiter d'un monde sain et équilibré.

29 - "Le Miracle de la Nature"

Le miracle de la nature, c'est la capacité de notre planète,

À se régénérer et à nous offrir des ressources inépuisables,

Le soleil, le vent, l'eau et la terre sont des sources d'énergie naturelles,

Que nous devons apprendre à utiliser et à préserver.

Le miracle de la nature, c'est le monde dans toute sa beauté,

Des paysages grandioses et des écosystèmes riches et variés,

Nous sommes les gardiens de cette merveilleuse biodiversité,

Et nous avons le devoir de la protéger pour les générations futures.

Le miracle de la nature, c'est l'harmonie de notre écosystème,

Tous les éléments sont interconnectés et interdépendants,

Nous devons respecter cette interdépendance et apprendre à vivre en harmonie,

Pour que notre monde reste un lieu de vie agréable et équilibré.

30 : "Le Climat en Perdition"

Le climat en perdition, c'est une réalité qui nous affecte tous,

Les températures augmentent, les saisons changent, la nature se dérègle,

Les conséquences sont nombreuses et dramatiques,

Nous devons agir pour préserver notre planète.

Le climat en perdition, c'est une leçon pour l'humanité,

Nous devons changer notre façon de vivre.

31-"Le Cœur Inquiet"

Le cœur inquiet, c'est celui qui bat fort et vite,
Celui qui ressent les émotions les plus fortes,
Il est le siège de nos passions et de nos peurs,
Et nous guide dans notre vie de tous les jours.

Le cœur inquiet, c'est celui qui palpite d'amour,
Qui vibre à chaque regard, à chaque baiser,
Il est le témoin de nos plus belles émotions,
Et nous rappelle combien la vie est précieuse.

Le cœur inquiet, c'est celui qui se brise parfois,
Qui souffre des chagrins et des trahisons,
Mais il est aussi celui qui guérit et qui renaît,
Et qui nous donne la force de continuer notre chemin.

32 : "Le Cœur Blessé"

Le cœur blessé, c'est celui qui souffre en silence,
Celui qui cache sa douleur derrière un sourire,
Il est le témoin de nos épreuves les plus difficiles,
Et nous rappelle combien la vie peut être dure.

Le cœur blessé, c'est celui qui pleure en secret,
Qui cherche à panser ses plaies avec courage,
Il est le témoin de notre résilience,
Et nous montre qu'il est possible de se relever.

Le cœur blessé, c'est celui qui trouve la force d'aimer à nouveau,
Qui laisse derrière lui les blessures du passé,
Il est le témoin de notre capacité à pardonner,
Et nous rappelle que l'amour est toujours possible.

33 : "Le Cœur Joyeux"

Le cœur joyeux, c'est celui qui bat au rythme de la vie,
Celui qui est rempli de gratitude et de bonheur,
Il est le siège de nos moments les plus joyeux,
Et nous accompagne dans nos instants les plus beaux.

Le cœur joyeux, c'est celui qui s'émerveille devant la beauté,
Qui trouve la magie dans les petits moments de la vie,
Il est le témoin de notre émerveillement,
Et nous rappelle de ne jamais cesser d'être émerveillés.

Le cœur joyeux, c'est celui qui partage son bonheur,
Qui répand autour de lui la joie et la bienveillance,
Il est le témoin de notre générosité,
Et nous rappelle que le bonheur se multiplie quand on le partage.

34 : "Le Cœur Errant"

Le cœur errant, c'est celui qui cherche sa place,
Qui explore le monde à la recherche de sa destinée,
Il est le témoin de nos rêves les plus fous,
Et nous accompagne dans nos quêtes les plus ambitieuses.

Le cœur errant, c'est celui qui se nourrit de l'inconnu,
Qui se laisse guider par son intuition et sa curiosité,
Il est le témoin de notre soif de découverte,
Et nous rappelle que l'aventure est au bout du chemin.

Le cœur errant, c'est celui qui se trouve en chemin,
Qui se perd parfois mais finit toujours par se retrouver,
Il est le témoin de notre résilience et de notre force,
Et nous rappelle que nous sommes humains.

35-Chaussures de Voyage"

Chaussures de voyage, compagnons de mes aventures,
Vous m'avez porté aux quatre coins de la terre,
De vos semelles usées à vos lacets défaits,
Vous êtes témoins de mes plus beaux souvenirs.

Chaussures de voyage, symboles de liberté,
Vous m'avez aidé à parcourir les kilomètres,
A gravir les montagnes et à franchir les rivières,
Vous êtes devenues mes fidèles alliées.

Chaussures de voyage, gardiennes de mes pas,
Vous êtes le reflet de mes aspirations,
De mes rêves les plus fous et de mes espoirs,
Vous êtes les messagers de mes émotions.

36 : "Chaussures de Danse"

Chaussures de danse, instruments de mes mouvements,
Vous m'avez appris à suivre le rythme,
À tournoyer, à sauter et à virevolter,
Vous êtes le prolongement de mes pieds.

Chaussures de danse, reflets de ma passion,
Vous m'avez transporté dans un univers de légèreté,
De grâce et d'harmonie,
Vous êtes devenues mes amies fidèles.

Chaussures de danse, témoins de mes évolutions,
Vous êtes le symbole de ma créativité,
De mes élans de liberté et de ma joie de vivre,
Vous êtes le reflet de mon âme.

37 : "Chaussures de Pluie"

Chaussures de pluie, protectrices de mes pieds,
Vous m'avez accompagné dans les jours les plus sombres,
De vos semelles imperméables à vos couleurs vives,
Vous êtes un rayon de soleil dans les jours de grisaille.

Chaussures de pluie, reflets de ma résilience,
Vous m'avez aidé à traverser les tempêtes,
À affronter les intempéries avec courage,
Vous êtes mes fidèles protectrices.

Chaussures de pluie, symboles de ma force intérieure,
Vous êtes le reflet de ma détermination,
De ma capacité à surmonter les obstacles,
Vous êtes le signe de ma persévérance.

38 - "Chaussures de Sport"

Chaussures de sport, complices de mes performances,
Vous m'avez aidé à atteindre mes objectifs,
À repousser mes limites et à surpasser mes attentes,
Vous êtes le symbole de ma détermination.

Chaussures de sport, témoins de mes exploits,
Vous m'avez porté sur les pistes et les terrains,
À courir, sauter et à me dépasser,
Vous êtes devenues mes amies les plus fidèles.

Chaussures de sport, reflets de mon engagement,
Vous êtes le symbole de mon dépassement de soi,
De ma recherche de la perfection et de mon esprit de compétition,
Vous êtes le reflet de ma force mentale.

39- "Art de Guérir"

L'art de guérir, une science millénaire,
Qui mélange l'art et la médecine,
Des traitements innovants aux méthodes ancestrales,
Le corps et l'esprit en parfaite harmonie.

Les artistes de la médecine, aux talents variés,
Chirurgiens, infirmiers, thérapeutes,
Tous unis dans une quête commune,
La guérison, ultime objectif.

L'art de guérir, un voyage fascinant,
À travers des techniques créatives,
Des thérapies alternatives aux médicaments modernes,
La médecine et l'art, liés à jamais.

40- "Médecine de l'Âme"

La médecine de l'âme, une pratique ancienne,
Qui utilise l'art pour soigner l'esprit,
Des toiles colorées aux sculptures élégantes,
L'artiste et le patient, en parfaite synergie.

Les guérisseurs de l'âme, aux dons variés,
Psychologues, thérapeutes, conseillers,
Tous unis dans une mission commune,
La guérison de l'esprit, ultime objectif.

La médecine de l'âme, un voyage révélateur,
À travers des techniques créatives,
Des méditations profondes aux séances de thérapie,
L'art et la médecine, unis pour la vie.

41- "Art de la Chirurgie"

L'art de la chirurgie, une discipline précise,
Qui mélange la science et la beauté,
Des gestes techniques aux résultats esthétiques,
Le patient et le chirurgien, en parfait accord.

Les artistes de la chirurgie, aux talents variés,
Chirurgiens plasticiens, reconstructeurs, esthétiques,
Tous unis dans un but commun,
Restaurer la beauté, ultime objectif.

L'art de la chirurgie, un voyage fascinant,
À travers des techniques minutieuses,
Des procédures innovantes aux greffes audacieuses,
L'art et la médecine, en parfait équilibre.

42- "Médecine des Sens"

La médecine des sens, une pratique inventive,
Qui utilise l'art pour soigner le corps,
Des images apaisantes aux sons harmonieux,
Le patient et le praticien, en parfaite alchimie.

Les guérisseurs des sens, aux méthodes variées,
Massothérapeutes, acupuncteurs, kinésithérapeutes,
Tous unis dans un but commun,
La guérison du corps, ultime objectif.

La médecine des sens, un voyage envoûtant,
À travers des techniques bienveillantes,
Des traitements sensoriels aux aromathérapies relaxantes,
L'art et la médecine, pour le bien-être absolu.

43-"Le Monde des Machines"

Le monde des machines, un univers complexe,
Où les ordinateurs règnent en maître,
Des circuits sophistiqués aux écrans lumineux,
Le monde numérique, un monde mystérieux.

Les magiciens du clavier, aux compétences variées,
Programmeurs, développeurs, techniciens,
Tous unis dans une mission commune,
Créer un monde meilleur, ultime objectif.

Le monde des machines, un voyage sans fin,
À travers des technologies innovantes,
Des réseaux mondiaux aux intelligences artificielles,
Les ordinateurs et l'homme, en parfait tandem.

44- "Le Langage Binaire"

Le langage binaire, une langue fascinante,
Qui donne vie aux ordinateurs,
Des 0 et des 1, une infinité de combinaisons,
Le code source de notre ère numérique.

Les maîtres du binaire, aux compétences variées,
Ingénieurs, hackers, programmeurs,
Tous unis dans une mission commune,
Créer un langage universel, ultime objectif.

Le langage binaire, un voyage captivant,
À travers des logiciels innovants,
Des algorithmes ingénieux aux applications mobiles,
Les ordinateurs et l'homme, en parfaite symbiose.

45- "L'Intelligence Artificielle"

L'intelligence artificielle, un domaine émergent,
Qui donne vie aux ordinateurs,
Des machines capables de penser et de raisonner,
L'avenir de la technologie en devenir.

Les génies de l'IA, aux compétences variées,
Data scientists, ingénieurs, chercheurs,
Tous unis dans une mission commune,
Créer des machines intelligentes, ultime objectif.

L'intelligence artificielle, un voyage fascinant,
À travers des programmes innovants,
Des chatbots aux voitures autonomes,
Les ordinateurs et l'homme, en parfaite intelligence.

46- "Le Cybermonde"

Le cybermonde, un monde connecté,
Où les ordinateurs s'entrelacent,
Des réseaux sans frontières aux données infinies,
La planète numérique, une réalité à part entière.

Les gardiens du cybermonde, aux compétences variées,
Experts en sécurité, administrateurs de réseaux, hacktivistes,
Tous unis dans une mission commune,
Protéger le cybermonde, ultime objectif.

Le cybermonde, un voyage palpitant,
À travers des technologies avancées,
Des cyberattaques aux systèmes de chiffrement,
Les ordinateurs et l'homme, en parfaite vigilance.

47- "L'Intelligence Humaine"

L'intelligence humaine, un don précieux,
Qui donne vie à notre monde,
Des pensées complexes aux actions ingénieuses,
L'intelligence humaine, une source de merveilles.

Les êtres d'intelligence, aux compétences variées,
Artistes, scientifiques, ingénieurs,
Tous unis dans une mission commune,
Créer un avenir meilleur, ultime objectif.

L'intelligence humaine, un voyage captivant,
À travers des idées novatrices,
Des découvertes ingénieuses aux œuvres d'art inspirantes,
Les êtres d'intelligence et le monde, en parfaite harmonie.

48- "L'Intelligence Animale"

L'intelligence animale, un univers fascinant,
Où les animaux règnent en maître,
Des instincts aiguisés aux comportements élaborés,
L'intelligence animale, un monde mystérieux.

Les créatures intelligentes, aux compétences variées,
Dauphins, chimpanzés, corbeaux,
Tous unis dans une mission commune,
Assurer leur survie, ultime objectif.

L'intelligence animale, un voyage passionnant,
À travers des comportements étonnants,
Des capacités d'apprentissage étonnantes aux outils sophistiqués,
Les animaux et leur environnement, en parfait équilibre.

49- "Le Costume"

Un homme bien vêtu, un homme bien-pensant,
Un costume élégant, un esprit affûté,
Car le vêtement fait l'homme, et l'homme fait le monde,
Il est de notre devoir de bien s'habiller.

Le costume est notre arme, notre bouclier,
Contre les aléas de la vie, les coups du sort,
Il nous donne confiance, nous inspire,
Le costume est notre allié, notre ami fidèle.

Alors choisissez bien, messieurs, dames,
Le costume qui vous convient, qui vous élève,
Et n'oubliez jamais, qu'un homme bien vêtu,
Est un homme respecté, admiré, et aimé.

50- "La Robe"

La robe, cette merveille de l'artisanat,
Tissée de fils dorés, d'or et d'argent,
Elle habille nos dames, les rend belles et gracieuses,
La robe, un symbole de l'élégance et de la beauté.

Les femmes de qualité, les dames de cœur,
Portent la robe avec grâce et distinction,
Elles inspirent l'admiration, la jalousie,
La robe, un signe de noblesse et de grandeur.

Alors mesdames, portez fièrement votre robe,
Avec grâce et dignité, avec style et élégance,
Car la robe est un trésor, une perle rare,
Qui embellit le monde, et enchante nos vies.

Printed by Books on Demand GmbH, Norderstedt / Germany